Für Rebecca, Katja und Sven
S. H.

Für Luise
H. K.

Inhalt

	Niederösterreich	6
	Oberösterreich	12
	Steiermark	16
	Kärnten	20
	Salzburg	24
	Tirol	28
	Vorarlberg	32
	Burgenland	36
	Wien	40

Gestaltung und Layout: Pia Moest und Manuela Strasser

1. Auflage 2004 (1,00)

© öbv & hpt VerlagsgmbH & Co. KG, Wien 2004

Alle Rechte vorbehalten
Jede Art der Vervielfältigung, auch auszugsweise, gesetzlich verboten
Druck: Holzhausen Druck & Medien GmbH, Wien
ISBN 3-209-04417-1

Niederösterreich

Fläche	19 174 km²
Einwohner	1 545 804 (2001)
Hauptstadt	St. Pölten
Höchster Gipfel	Schneeberg, 2 076 m
Längster Fluss	Donau
Größter See	Ottensteiner Stausee
Geographische Einteilung	Waldviertel, Weinviertel, Industrieviertel, Mostviertel
21 Politische Bezirke	Amstetten, Baden, Bruck an der Leitha, Gänserndorf, Gmünd, Hollabrunn, Horn, Korneuburg, Krems-Land, Lilienfeld, Melk, Mistelbach, Mödling, Neunkirchen, St. Pölten-Land, Scheibbs, Tulln, Waidhofen an der Thaya, Wiener Neustadt-Land, Wien-Umgebung, Zwettl
Landespatron	Heiliger Leopold

Niederösterreich ist das größte Bundesland Österreichs mit der jüngsten Hauptstadt.

Rätsel über Rätsel

Warum, glaubst du, heißt Niederösterreich **Nieder**österreich? Weil das Land tiefer liegt als die anderen Bundesländer? Weil die Berge hier so wenig hoch sind? Oder wegen der vielen alten Städtchen, deren Häuser so niedrige Torbögen haben, dass man sich beim Eintreten bücken muss?
Fehlanzeige, alle drei Möglichkeiten! Und verraten sei fürs Erste nur eines: Streng genommen müsste Niederösterreich ja **Unter**österreich heißen!
Du findest das rätselhaft? Gut. Das ist genau die richtige Einstimmung für eine Reise durch Niederösterreich. Denn nirgendwo sonst erwarten dich so viele geheimnisvolle Plätze und spannende Geschichte(n) wie hier – im ältesten Teil Österreichs. Genauer gesagt bestand Österreich vor etwa 1000 Jahren **nur** aus Niederösterreich, dem Land, durch das die Donau fließt, mit der Hauptstadt Wien ... Doch reisen wir noch weiter zurück in der Zeit, zu den alten Kelten und ihren merkwürdigen Wackelsteinen.

 Das barocke Stift Melk mit seiner prächtigen Kirche schaut weit über das Donautal hin.

 Bei Melk findest du das schöne Renaissance-Schloss Schallaburg.

 Eine der markantesten Burgen im Waldviertel, von denen es über 300 gibt, kannst du in Rappottenstein besuchen.

 In Traismauer gibt es einen Dinosaurierpark mit riesigen Modellen dieser faszinierenden Tiere.

 Wachau und Marillen – ein Traum in der Blüte im Frühling und ein Genuss bei der Ernte!

Wackelsucht & Weltenflucht

Die findest du im **Waldviertel** zuhauf! In der Blockheide bei Gmünd, auf einer Lichtung in irgendeinem Wald – plötzlich stehst du vor riesigen, seltsam geformten Granitfelsen. Dass sie ur-ur-alt und voller Bedeutung sind, spürt man sofort! Geschichtsforscher vermuten, dass die Steine den keltischen Druiden (Priestern) zu Opferzwecken dienten. Warum aber Wackelsteine? Manche dieser Felsriesen lassen sich tatsächlich zum Wackeln bringen – vorausgesetzt, du kennst die geheime Stelle.

Es soll Menschen geben, die da tagelang herumprobieren. Man könnte ihr fast schon besessenes Tun als „Wackelsteinknacksucht" bezeichnen, der du aber hoffentlich nicht auch verfällst! Denn dann würdest du all die anderen Waldviertler Geheim-Tipps versäumen: Im Himmelsteich und im Purzelkamp baden; deine Eltern auf ein gesundes Mohn-Menü einladen; bei Litschau gefräßige Moorpflanzen füttern; oder per Schmalspurbahn durch die Gegend „tuckern" ... Am besten, du machst dir auf das Waldviertel selbst einen Reim! Aber bitte erst, nachdem du auch die erste und einzige Geisterwerkstatt Österreichs in St. Leonhard besucht hast – und die mysteriöse Anderswelt in **Heidenreichstein** ...

Falls du von dort wieder zurück und dann nach Raabs findest, wartet jetzt ein Kanu auf dich. Bitte einsteigen, zu einer gischtigen Spritzfahrt auf der wilden Thaya. Sie führt dich zum Teil auch nach Tschechien, aussteigen kannst du aber bequem im zweiten Viertel von Niederösterreich: dem **Weinviertel**.

Wein – nur du allein!

Was so heisst, kann eigentlich nur eines sein: ein Paradies für Winzer und Rebensaft-Fans. Und wirklich, so weit das Auge reicht: Weingärten und nochmals Weingärten (höchstens mal von Fördertürmen für Erdöl unterbrochen). Der fruchtbare Lössboden hier und die heißen, regenarmen Sommer bieten die idealen Bedingungen für den Weinbau.

Lass deine Eltern ruhig im „Kellergassen-Viereck" zwischen Retz, Wagram, Wolkersdorf und Poysdorf verschwinden – für dich gibt es im Weinviertel anderes zu tun. Auf einer Straße zu den verschiedensten Stationen der Vergangenheit fahren – würde dir das gefallen? Bitte sehr, Betty Bernstein erwartet dich schon!

Zeitreise zum Biber

Sie ist das Maskottchen von Programmen für Kinder entlang der Bernsteinstraße (früher eine wichtige Handelsroute von Süden nach Norden). Betty führt dich als Urzeitdetektiv ins Stillfrieder Museum für Urgeschichte; oder als Ritter auf die Burgruine Staatz; sie zeigt dir, wie Kinder im Mittelalter lebten (Falkenstein); und welche Schlacht der französische Feldherr Napoleon wo schlug (Deutsch-Wagram) ...

Damit bist du bereits im **Marchfeld** angelangt. Es gehört zwar noch zum Weinviertel, angebaut wird hier aber vor allem Gemüse. Das dich dann im Supermarkt aus den Tiefkühlregalen anlacht. Und während du weiterfährst, an Erbsen, Karotten und Mais vorbei, hörst du plötzlich den Ruf des Urwalds!

Nein, du bist nicht auf wundersame Weise in Malaysia gelandet. Vor dir liegt der **Nationalpark Donau-Auen**. Quakende Frösche im Tümpel, träge dahinfließende Donau-Arme, umwuchert von Dschungel, 38 Kilometer weit. Vielleicht hast du Glück und siehst einen majestätisch schwimmenden Auhirschen oder brütende Eisvögel. Und eine Familie von Bibern, die emsig an einem Staudamm baut ...

Niederösterreich

St. Pölten

Wie du nach St. Pölten kommst? Natürlich mit dem „Wiesel"! Das ist ein silberner Zug mit zwei Stockwerken oder ein Bus, auf dem ein rotes Wiesel prangt. Es ist das Symbol für die Schnelligkeit, mit der diese Busse und Züge hauptstadtwärts „wieseln".

Nötig wurde diese Verkehrsverbindung, weil St. Pölten so „jung" ist. Erst 1986 wurde es zur Hauptstadt Niederösterreichs gemacht. Vorher hatte das Land jahrzehntelang überhaupt keine Landeshauptstadt, alle Ämter und Behörden befanden sich in Wien ...

Jetzt aber genug von Geschichte. Und raus aus dem Wiesel beim „Kulturbezirk". Das ist ein Teil des neu erbauten Regierungsviertels an der Traisen: alles hypermodern mit mega-viel Glas! Als Wahrzeichen ragt der Klangturm in den Himmel, eine Art Workshop-Museum rund um Töne und Musik. Hören und Sehen könnte dir ja wirklich fast vergehen von all den imposanten Gebäuden hier: ein Festspielhaus, eine Veranstaltungshalle, die Landesbibliothek und das Landesmuseum – und überall dazwischen große Plätze, auf denen locker ein Jumbo landen könnte!

Wie gut, dass es auch noch das alte St. Pölten gibt! Und das erkundest du jetzt, langsam, gemächlich, auf altmodische Fußgängerart ...

Um Wien und um Wien herum

Nach diesem Natur-Erlebnis geht es bei Hainburg auf die andere Seite der Donau. Hier beginnt Niederösterreichs drittes Viertel, das **Industrieviertel**. Seinen Namen hat es von den vielen Industrie-Gebieten, die vor allem südlich von Wien (im Steinfeld) liegen. Eine Fabriks-Besichtigungstour wird dich aber vermutlich nicht so reizen. Keine Sorge, das Industrieviertel ist groß – und besteht auch aus vielen aufregenden Gegenden.

Womit sie locken, verraten dir meist schon die Namen: So kannst du im **Wienerwald** um Wien herum durch Wälder streifen; bei Baden in wärmenden Thermen baden; in der Buckligen Welt ruckelig talwärts sausen (Stichwort Sommerrodelbahn); am **Semmering** auf Sommerfrische gehen; und auf dem Schneeberg (Niederösterreichs höchster Berg!) fast das ganze Jahr lang einen Schneemann bauen ...

Und jetzt nimm einmal vom Wort Industrieviertel die ersten drei Buchstaben. Fällt dir dazu etwas ein?!

Vom Wilden Osten zum Piratenschiff

Ind-ien wäre falsch, aber Ind-IANER, das passt pfeilgenau! Im Industrieviertel kannst du seltsamerweise gehäuft auf solche treffen: im Indianerdorf Gumpoldskirchen; in der Westernstadt „No Name City" bei Wöllersdorf; oder bei den Karl-May-Festspielen in Winzendorf. Ob ihr Skalp auch echt ist, willst du wissen? Überprüf es, bei Manitu – oder nimm es als weiteres Rätsel mit ins Ötscherland.

Ötscherland

So nennen die Leute das Gebiet rund um den Großen Ötscher. Wenn du hier angelangt bist, hast du einen großen Sprung vom Industrie- mitten ins **Mostviertel** gemacht. Und fragst dich zunächst: „Warum Most-?"
Du siehst vorwiegend Alpen. Und einen grünen See. Auf diesem nähert sich ein Boot. Dein Herz macht einen Satz: Das Boot trägt die Flagge von Piraten!

Im Land der Mostbirne

Dieses Rätsel hast du natürlich schnell gelöst. Und einfach mitgemacht, bei all den tollen Abenteuern, die Kinder am Lunzer See erwarten. Du bist mit dem Piratenschiff gefahren, hast eine Fackel- und Märchenwanderung gemacht und einen Ausflug in den Naturpark Eisenwurzen. Jetzt aber willst du endlich wissen, warum das Mostviertel Mostviertel heißt.
Und überhaupt: Das Namensrätsel Niederösterreich schleppst du ja auch noch mit dir herum!
Am besten, du bückst dich ein wenig. Und trittst dann bei Göstling durch eine Art Tor, das die Form einer riesigen Mostbirne hat.
Damit bist du hochoffiziell im „Mostbirnen-Land", das dem gesamten Mostviertel den Namen gab.
Im Frühling begrüßen dich hier Tausende und Abertausende blühende Birn- und Apfelbäume, deren Obst dann im Herbst zu Most gepresst wird. Dann liegt statt dem Blütenduft der Geruch nach Trester in der Luft (das ist der Pressrückstand aus Kerngehäuse, Stängel und Schalen).

„Mohnmenü, please!"

Kaum etwas Essbares aus Niederösterreich ist so berühmt wie der Waldviertler Mohn! Angebaut wurde er schon im 12. Jahrhundert, die Bauern mussten sogar einen Mohnzins entrichten. Heute bekommen sie für ihre Mohngerichte gutes Geld. Denn immer mehr Feinspitze aus aller Welt wollen ein „gsundes Waldviertler Mohnmenü, please": von der Vorspeise bis zum Dessert garantiert alles aus Mohn!

Ober-Enns & Nieder-Enns?

Beschreiben kann man diesen Geruch kaum. Ein bisschen säuerlich, ein bisschen vergoren … aber keinesfalls unangenehm. So – und jetzt atme tief aus. Du hast, vorbei an Mostschenken, Vierkant-Höfen und dem Stift Seitenstetten, den westlichsten Zipfel Niederösterreichs erreicht. Da drüben, am anderen Ufer der Enns, winkt schon Oberösterreich.

Die Sage von Richard Löwenherz

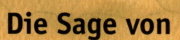

Vor rund 900 Jahren, als die Ruine Dürnstein noch eine stolze Burg war, schmachtete dort ein edler Gefangener: Richard Löwenherz, der König von England. Er hatte bei einem Kreuzzug den österreichischen Herzog Leopold beleidigt. Die Sage erzählt dazu: In England hielt man den König schon für tot. Nur sein Diener Blondel glaubte das nicht. Er machte sich auf, den König zu suchen. Von Burg zu Burg zog er und sang ein altes Lied. Schließlich kam er auch nach Dürnstein. Und siehe da: Aus dem Verlies antwortete sein Herr mit der zweiten Strophe! So wurde Richard Löwenherz befreit – durch Blondels Treue und ein hohes Lösegeld!

Niederösterreich

Und plötzlich steigt die Antwort glasklar in dir auf: Oberösterreich, das Land ob der Enns! Und Niederösterreich, das Land unter …???
Tja. Wie gesagt. Niederösterreich ist einfach rätselhaft. Da kann einem schon der Kopf zu rauchen beginnen. Und darum brauchst du jetzt unbedingt Kühlung, am besten durch viel frischen Wind!

Sagenhafte Wachau

Ahoi! Der Dampfer fährt soeben an Ybbs vorbei. Silbern glitzert das Band der Donau vor dir, und wenn du wolltest, könntest du ihm folgen – bis zum Schwarzen Meer!
Aber das wäre nicht mehr Österreich. Und nicht mehr Wachau und nicht mehr Nibelungengau … Diese zwei Teilstücke der Donau zählen zum Schönsten, was es in Niederösterreich gibt. Mal schroff und mal sanft abfallende Ufer; Ruinen und Burgen; Klöster und Stifte; und alte Städtchen am laufenden Band! Wetten, dass du ständig auf Landgang gehst? Um dem Barockstift Melk einen hoch&heiligen Besuch abzustatten. Um die eine oder andere Burg zu besteigen. Um dir den Bauch mit den berühmten Wachauer Marillen voll zu schlagen. Um dich in Krems durch mittelalterlich niedrige Torbögen zu ducken. Und natürlich auch, um all den vielen Sagen nachzuspüren, die die Wellen der Donau so zu erzählen haben – wenn man ein Ohr dafür hat!

Treppelweg zur Fasslrutsche

So näherst du dich langsam, aber unaufhaltsam Wien. Nein! Du willst ja deine Reise durch Niederösterrreich noch gar nicht beenden!

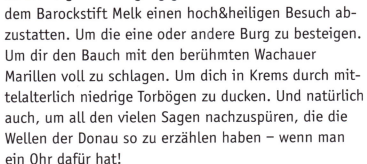

Denn du hast den Treppelweg noch nicht erkundet – am liebsten per Fahrrad, mit Rückenwind!
Also steigst du in Tulln aus dem Schiff und borgst dir ein Gratis-Rad. Und schon geht's blitzgeschwind dahin. Jetzt liegt es ganz an dir (und an der Luft in den Reifen), wo du noch überall rasten wirst: In Altenberg, wo der berühmte Verhaltensforscher Konrad Lorenz einst als „Mutter" von Graugänsen wohnte? Oder auf der Ritterburg Kreuzenstein, wo du vielleicht ein Burgfräulen triffst? Ein unbedingtes Muss ist jedenfalls das Stift Klosterneuburg. Denn hier steht Niederösterreichs älteste und größte „Fasslrutsche", ein Weinfass, das 56 590 Liter fast. Guten Rutsch!, kann man da nur sagen, alle Jahre wieder am Leopoldi-Tag!

Informationen findest du unter
Niederösterreichische Landesregierung:
http://www.noel.gv.at
http://www.noel.gv.at/Karte/Karte.htm
ORF Niederösterreich: http://noe.orf.at

Oberösterreich

Fläche	11 980 km²
Einwohner	1 376 797 (2001)
Hauptstadt	Linz
Höchster Gipfel	Dachstein, 2 995 m
Längster Fluss	Donau
Größter See	Attersee
Geographische Einteilung	Mühlviertel, Traunviertel, Hausruck-Viertel, Innviertel
15 Politische Bezirke	Braunau am Inn, Eferding, Freistadt, Gmunden, Grieskirchen, Kirchdorf an der Krems, Linz-Land, Perg, Ried im Innkreis, Rohrbach, Schärding, Steyr-Land, Urfahr-Umgebung, Vöcklabruck, Wels-Land
Landespatron	Heiliger Leopold

Oberösterreich hieß früher: „Österreich ob der Enns" und ist das drittgrößte Bundesland Österreichs.

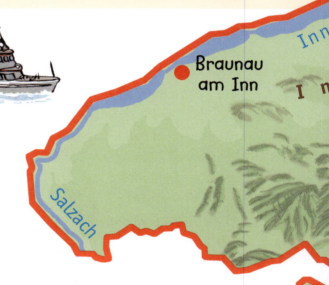

Nix mit Nixen!

Es gibt viele Möglichkeiten nach Oberösterreich zu gelangen. Eine der schönsten ist aber sicher die: Du stehst auf dem Deck eines Donaudampfers und näherst dich unaufhaltsam dem wild-romantischen **Strudengau**. Früher war dieses Engtal der Donau der Schrecken der Schiffer und Flößer. Voll von gefährlichen Strudeln und Nixen zog es so manchen in den Tod ... Keine Sorge! Dir passiert das nicht. Erstens gibt es keine Nixen (mehr), und zweitens ist die Donau seit 1957 in Ybbs-Persenbeug gestaut. So kommst du selbst bei stürmischem Wetter heil in Grein an, deiner ersten Station in Oberösterreich. Hier kannst du im Schifffahrtsmuseum alles über die soeben überwundenen Untiefen und die Entwicklung der Donauschifffahrt erfahren. Oder du tauchst noch ein Stück weiter zurück in die Vergangenheit: in ein keltisches Dorf!

So lebten die Kelten

Unweit von Grein, in Mitterkirchen, steht eines. Strohgedeckte Lehmhütten, ein Back- und ein Webhaus, ein Dorfplatz mit Kultbaum, ein Hügelgrab ... Lebende Kelten triffst du hier natürlich nicht. Du befindest dich in einem Freilichtmuseum, dem größten Österreichs.

Im Innviertel soll es die sagenhaften **Wolpertinger** geben – Tiere, die sich aus verschiedenen Tieren zusammensetzen.

Schloss Ort, gotisches Seeschloss im Traunsee, früher „Orth" geschrieben.

Scharnstein hat ein spannendes Kriminalmuseum.

Hast du Lust auf einen Kurs in urzeitlichem Töpfern? Oder auf Backen von original keltischem Fladenbrot? Als Proviant solltest du dir ein solches auf jeden Fall einstecken. Denn jetzt liegt eine Reise durch das **Mühlviertel** vor dir, und die kann dauern! Oder willst du etwa eines all der viel versprechenden Ziele auslassen, die es zwischen Donau und tschechischer Grenze so gibt? Den Pendel-Lehrpfad in Liebenau; das heilkräftige Augenbründl in Bad Zell; den berühmten gotischen Flügelaltar in Kefermarkt; die historische Pferde-Eisenbahn in Rainbach; die Indianerwelt in Reichenthal und und und … Von den bizarren Granitfelsen, die hier allerorts herumstehen, ganz zu schweigen. Das Mühlviertel steht nämlich zur Gänze auf Granit. Erdgeschichtlich gesehen ist es ein uraltes Stück Land, dessen steinigem Rücken du aber jetzt den Rücken zukehrst. Und dich dem **Innviertel** zuwendest.

Oberknödelreich

Oberösterreich ist das Schlaraffenland für Knödel-Fans! Es gibt sie als Brand-, Grieß-, Leber-, Speck-, Fleisch-, Mohn- und Schwemmknödel; als eingesetzte Knödel, abgesetzte Knödel, Innviertler Knödel, Räuberknödel und so fort. Gern „geknödelt" haben allem Anschein nach auch schon die Ur-Oberösterreicher vor 3000 Jahren: So fanden sich unter den Mondseer Pfahlbauten doch tatsächlich Teigreste!

Fleckvieh & dressierte Forellen

Hier, im westlichen Oberösterreich, am Inn entlang erwarten dich sanfte Hügel und grasendes Fleckvieh, Körndlbauern, **Vierkanthöfe**, viel Fruchtsaft und Most. Und durch Reifen springende Forellen! Das glaubst du nicht? Dann fahr nach Engelhartszell. Dort kannst du eine Eintrittskarte in den ersten und einzigen Forellenzirkus der Welt lösen und mit ungläubigen Glupschaugen zusehen, wie dressierte Forellen mit Bällen balancieren, „Ski" fahren und in wassergefüllte Bierkrüge springen … Möglicherweise macht es den Fischen ja Spaß. Immerhin ist Wasser ihr Element – ist es auch deines? Dann ab über den Hausruck ins oberösterreichische **Salzkammergut**!

Baden wie ein Kaiser

Hier findest du Seen wie im „Guiness-Buch"! Der wärmste ist der Mondsee; der größte der Attersee; der tiefste der Traunsee; der verwunschenste der Hallstätter See; und die entlegensten sind die Gosauseen … In welchem von ihnen möchtest du plantschen? Vielleicht helfen dir für die Entscheidung mehr Anhaltspunkte. Also: In den drei Gosauseen spiegelt sich der mächtige Dachstein. Am Mondsee gibt es interessante Pfahlbauten mit dazugehörigem Museum. Am Attersee triffst du Tausende Segler und Surfer. Der Traunsee ist berühmt wegen Gmunden und seinem Glöcklerlauf (ein Brauch zur Vertreibung des Winters). Ganz nah ist auch der kaiserliche Kurort Bad Ischl mit seinem Zaunerstollen. Fehlt nur noch der Hallstätter See. Hier gibt es eine eher

Sage
Die Gründung von Kremsmünster

Der Sage nach geschah es im Jahr 777. Gunter, der Sohn des bayrischen Herzogs Tassilo, ging im Kremstal auf die Jagd. Er hatte von einem riesigen Eber gehört, den er unbedingt erlegen wollte … Stunden später fand der Herzog den Sohn. Er lag leblos, getötet von den Hauern des Ebers. Weinend sank der Vater nieder. Da brach aus dem Walddickicht plötzlich ein schneeweißer Hirsch hervor, auf dem Geweih ein leuchtendes Kreuz. Diese Erscheinung nahm Herzog Tassilo als Zeichen, seinem toten Kind eine Kapelle zu errichten. Und aus dieser Kapelle wurde später das prächtige Benediktiner-Stift Kremsmünster.

Oberösterreich

Linz

„In Linz beginnt's", hört man oft über die Hauptstadt von Oberösterreich – und jetzt stehst du da und willst wissen: „Ja, aber was?" Pass auf. Beginnen kannst du einen Rundgang durch Linz zum Beispiel mit Rekorden: Zuerst fährst du auf den Pöstlingberg (das ist der Hausberg von Linz), und zwar mit der steilsten zahnradlosen Bergbahn der Welt. Und dann suchst du die größte Kirche Österreichs auf, den Neuen Dom, der 20.000 Besucher fasst. Vermutlich fühlst du dich dort sehr klein. Genauso wie auf dem Linzer Hauptplatz, der schon anno 1300 angelegt wurde – ebenfalls mit dem Gedanken an einen Österreich-Rekord ...

Ja, die Linzer lieben das Gigantische. Oder hätten sie sonst damit begonnen, eine Klangwolke über die ganze Stadt zu legen, jedes Jahr im September? Und einen Palast für virtuelle Welten zu errichten, wo du fliegen kannst wie Superman, mit sprechenden Liften von Etage zu Etage schwebst oder einfach nur im Internet surfst, so lange auch immer du willst? Das Museum, das dies ermöglicht, heißt „Ars Electronica Center" und steht im Linzer Stadtteil Urfahr. Wo übrigens neben der Zukunft auch die gute, alte Zeit beginnt: Jedes Frühjahr und jeden Herbst, wenn sich die Linzer Kinder auf dem Urfahraner Jahrmarkt beim Schiffschaukeln Rekorde liefern ...

 makabre Sehenswürdigkeit: Den Hallstätter Karner, in dem du übereinander gestapelte Gebeine und kunstvoll bemalte Totenköpfe besichtigen kannst.

Die Sterne über Oberösterreich

Jetzt brauchst du wahrscheinlich pulsierendes Leben! Wels, Linz und Steyr bieten es dir. Es sind die drei größten Städte Oberösterreichs – und gute Ausgangspunkte für deine weitere Tour in das **Traunviertel**. Magst du lieber Natur oder Naturwissenschaft? Wenn du beim Ersten nickst, sind das Enns- und Steyrtal genau richtig für dich. Du kannst dort tagelang wandern. Und angeln. Und auf der Eisenstraße alte **Sensenschmieden** besuchen. Oder gar gleich im Sengsengebirge herumklettern, in einer originalen Lederhose aus Windischgarsten. Als Nachwuchs-Naturwissenschaftler aber folgst du dem Kremstal. Dort stößt du bald auf das Stift Kremsmünster mit seinem „mathematischen Turm". Er bietet einfach alles, was junge Einsteins oder Madame Curies sich nur wünschen können: meteorologische, zoologische, geologische, physikalische Sammlungen sowie Experimente und vieles mehr! Die Krönung von allem ist aber sicher die Sternwarte, wo du eigenäugig erkunden kannst, wie die Sterne über Oberösterreich stehen!

Informationen findest du unter
Oberösterreichische Landesregierung:
http://www.ooe.gv.at/

Steiermark

Fläche	16 388 km²
Einwohner	1 183 303 (2001)
Hauptstadt	Graz
Höchster Gipfel	Dachstein, 2 995 m
Längster Fluss	Mur
Größter See	Grundlsee
Geographische Einteilung	Obersteiermark, Mittelsteiermark, Weststeiermark, Oststeiermark
16 Politische Bezirke	Bruck an der Mur, Deutschlandsberg, Feldbach, Fürstenfeld, Graz-Umgebung, Hartberg, Judenburg, Knittelfeld, Leibnitz, Leoben, Liezen, Mürzzuschlag, Murau, Radkersburg, Voitsberg, Weiz
Landespatron	Heiliger Josef

Die Steiermark ist das zweitgrößte Bundesland Österreichs und wird auch „Grüne Mark" genannt.

Narzissen & Salz

Stell dir vor, es ist Mai. Du stehst an einem See. Und plötzlich kommt auf einem blauen Boot ein Schwein daher gefahren, das einen Duft von tausend Narzissen verströmt … Du bist im **steirischen Salzkammergut**. Und das Schwein ist tatsächlich aus Narzissen – kunstvoll gesteckt, so wie Hunderte anderer Figuren auch … Steig ein. Nimm an dem Korso der Blumen-Boote teil. Und lass dich in Atem halten von einem berühmten steirischen Frühlings-Ereignis: dem Bad Ausseer Narzissenfest. Genug gestaunt? Dann kann es losgehen. Komm mit auf eine spannende Reise, die dich im Uhrzeigersinn durch die Steiermark führt!

Die Steiermark – das bedeutet zunächst einmal: Wald. Das zweitgrößte Bundesland Österreichs ist zur Hälfte damit bewachsen und heißt deshalb auch: grüne Mark. Zum Zweiten hat die Steiermark jede Menge Berge zu bieten; der höchste davon, der **Dachstein**, winkt dir beim Start deiner Reise mit majestätischer Schneehaube zu.

Nächste Station: Tauchanzug. Vielleicht findest ja du den Schatz aus dem 2. Weltkrieg, der angeblich im **Toplitzsee** liegt. Oder den Wassermann im Grundlsee, der einer Sage nach das Salz im Sandling-Berg entdecken half …

Schladming, das Zentrum des Schigebiets Dachstein, Hochwurzen und Planei

Murau: Längste Holzbrücke Europas

Steiermark

 Im Freiwildgehege Mautern siehst du viele Tiere der österreichischen Alpen.

 Bärenschützklamm Hier kannst du spannende Kletterabenteuer erleben.

 Steirische Apfelstraße

 Erzberg „Eisen für immer"

"Waldheimat": Geburtsort von Peter Rosegger

Bärnbach Hundertwasser-Kirche

 Im Freilichtmuseum Stübing siehst du alte Bauernhöfe.

 Gleisdorf, die „Solarhauptstadt" Europas

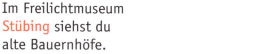

Admont beherbergt die größte Klosterbibliothek der Welt.

Wasserrutsche in Bad Loipersdorf

 Piber: Sommerfrische der Lipizzaner

Stainz: Oldtimer-Eisenbahn „Flascherlzug"

Aus der Steiermark kommen zahlreiche Weinspezialitäten.

 Wie leuchtende Fußbälle liegen im Herbst die reifen Kürbisse auf den Feldern.

Kletter- & Pilgerparadies

Nach dem Auftauchen blickst du ein letztes Mal zu den bleichen Gipfeln des **Toten Gebirges** empor. Dann verlässt du das Salzkammergut und saust zum **Gesäuse**. So nennt man die Schlucht, die sich der Fluss Enns in Jahrtausenden durch die steirischen Kalkalpen bahnte – heute trifft man dort Kletterer aus aller Welt. Kraxle ruhig mit – aber bitte nicht abstürzen! Sonst könntest du womöglich die **Eisenstraße** und den roten **Erzberg** nicht besuchen und müsstest stattdessen gleich nach **Mariazell**! Hier, im größten Wallfahrtsort Mitteleuropas, wird angeblich jeder Pilger wieder heil.

Höhlenabenteuer oder Apfelballon?

Frisch gestärkt geht's jetzt das **Mürztal** entlang. Nach einem kurzen Abstecher in die „Waldheimat", wo der Dichter Peter Rosegger geboren wurde, hast du die Qual der Wahl: Schluchten und Höhlen oder Äpfel und Heißluftballons?
Falls du dich für Abenteuer Nummer eins entscheidest, musst du das **Murtal** entlang in Richtung Graz. Bei Mixnitz erwartet dich dann die Bärenschützklamm, wo du auf schwankenden Stegen an tosenden Wasserfällen vorbeiturnen kannst. Das braucht ein bisschen Mut, stärkt dich aber

Grünes Gold

Wer im Herbst durch die Steiermark fährt, könnte meinen, dass auf den Feldern Millionen oranger Fußbälle wachsen. Des Rätsels Lösung: Kürbisse! Das „Halloween-Gewächs" ist fixer Bestandteil der steirischen Küche. Ob als Suppe, Gemüse, Brotaufstrich, im Gugelhupf oder in Form des berühmten goldgrünen Kernöls – jedem Steirer sein täglicher Kürbis!

für die nächste Station: die Lurgrotte bei Semriach, die als größte und schönste Tropfsteinhöhle Österreichs gilt.

Wenn du Abenteuer Nummer zwei gewählt hast, führt dein Weg die Feistritz entlang. Dort stößt du bald auf die **Apfelstraße**, wo du vom Apfeldorf Puch aus sogar in die Luft gehen und die sanfte Hügellandschaft der Oststeiermark von oben bewundern kannst.

Straßen zu den Lipizzanern

Siehst du die vielen Ruinen und Burgen? Höchste Zeit für die Landung, denn eine **Schlösserstraße** darf man auf keinen Fall überfliegen. Das stolze Schloss Herberstein, die grimmige **Riegersburg** – ein Aufstieg zu Fuß ist da Ehrensache. Und falls du ins Schwitzen kommst (weil dich das Schlossgespenst erschreckt hat): Bad Loipersdorf mit seiner ellenlangen Wasserrutsche ist höchstens einen Kopfsprung weit entfernt!

Nach einem Tag im steirischen Thermenland wollen deine Eltern höchstwahrscheinlich die **Weinstraßen** erkunden. Lass sie ruhig, denn die berühmte Schilcherstraße in der Weststeiermark führt dich schnurstracks

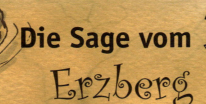

Die Sage vom Erzberg

Einst wohnte im Erzbach ein Wassermann. Einigen Männern gelang es ihn zu fangen. Damit er wieder frei käme, versprach der Wassermann: „Ich gebe euch Gold für ein Jahr. Silber für zehn Jahre. Oder Eisen für immer." Die Männer berieten sich und wählten schließlich Letzteres. Da zeigte der Wassermann auf den nahen Erzberg und sprach: „In diesem Berg ist Eisen für immer. Holt es euch. Und jetzt lasst mich frei." So wurde der Reichtum des Erzbergs entdeckt – und der Wassermann verschwand für immer!

Steiermark

Graz

Liebst du enge, verwinkelte Gassen? Versteckte Hinterhöfe, Eichkätzchen und Parks? Dann solltest du unbedingt einmal nach Graz fahren. Hier kannst du die **größte Altstadt Mitteleuropas** erkunden, 260 Stufen zum **Schlossberg** hinaufklettern und das Rätsel um die vertauschten Zeiger des Uhrturms lüften.

Viele Kinder schnuppern in Graz auch Zirkusluft. Jeden Juli besuchen sie die **Cirkusschule für Kinder** und lernen von echten Artisten die Kunst des Jonglierens, Seiltanz, Akrobatik, Zauberei …

Oder magst du lieber Ritter? Dann gönn dir einen Tag im **Zeughaus**, wo es die weltgrößte Sammlung alter Waffen und Rüstungen gibt.

Keinesfalls am Stadtrand liegen lassen darfst du bei deinem Graz-Besuch **Schloss Eggenberg**. Es ist nicht nur von einem tollen Tierpark umgeben, sondern gibt dir auch eine Kopfnuss auf: Das Schloss hat 4 Türme, 365 Fenster, 24 Prunksäle mit wiederum 52 Fenstern – wofür stehen diese Zahlen?

Wenn du jetzt von all der Kopf- und Fußarbeit ordentlich müde bist, kannst du dich in der „Kulturhauptstadt Europas 2003" natürlich auch ausruhen. Zum Beispiel auf der glasglitzernden Murinsel. Oder in einem der 250 Parks, wo dir die putzigen „Oachkatzln" angeblich aus der Hand fressen.

nach **Piber**. Hier kommen die berühmten weißen Lipizzaner der Wiener Hofreitschule her, und ein Besuch im Gestüt ist nicht nur für Pferdefreunde ein Erlebnis.

Gämsen und ein Holzweg zurück

Von den Pferden geht es weiter zu den Gämsen. Im **Freizeitpark Mautern** gibt es jede Menge davon. Lass dich von ihnen bloß nicht auf die Hörner nehmen, sondern schau ihnen lieber das Springen ab. Und dann spring – über die Seckauer Alpen zurück zur Mur!

Hier steig am besten ins Auto. Im Rennfahrertempo fährst du an Zeltweg vorbei, wo der A1-Ring dich verlassen angähnt. Und schon bist du in Murau, wo du die **Holzstraße** nach Norden nehmen kannst, per Fahrrad oder Kutsche. Sie führt über die längste Holzbrücke Europas, und selbst der größte Holzkopf lernt auf ihr allerlei Wissenswertes rund ums Holz. Jetzt fehlt eigentlich nur noch das Schifahren. In **Schladming**, dem bekannten Wintersportort, kannst du es nach Herzenslust tun. Und deine Rundreise mit einem atemberaubenden Blick auf den Dachstein beenden – oder mit einem kräftigen Jodler, der über den Gipfel ins **Ausseer Land** fliegt, vielleicht bis zum Narzissenschwein …

Informationen findest du unter Verwaltung des Landes Steiermark: http://www.verwaltung.steiermark.at/

Kärnten

Fläche	9 533 km²
Einwohner	559 404 (2001)
Hauptstadt	Klagenfurt
Höchster Gipfel	Großglockner, 3 798 m
Längster Fluss	Drau
Größter See	Wörther See
Geographische Einteilung	Oberkärnten, Unterkärnten
8 Politische Bezirke	Spittal an der Drau, Hermagor, Villach-Land, Feldkirchen, St. Veit an der Glan, Klagenfurt-Land, Völkermarkt, Wolfsberg
Landespatron	Heiliger Josef

Kärnten ist das südlichste und sonnigste Bundesland Österreichs.

Lei die Dirndln, lei die Beaschn!

Bevor du nach Kärnten fährst, kann ein kleiner Sprachkurs nicht schaden. Also: Im südlichsten Bundesland Österreichs bist du ein „Dirndl" oder „Beasch"; bedankst dich mit „Donkschen"; siehst mit den „Eigalan" und „ratschn" tust du mit dem Mund ... Mit diesem Grund-Wortschatz kommst du ganz gut durch. Sollte es aber doch Verständigungs-Probleme geben, so streu einfach hin und wieder ein „lei" ein. Das heißt zwar nicht wirklich etwas, ist aber original kärntnerisch – und jetzt aber los!

Von Graz her kommend (Autobahn!) packst du die **Packalpe** mit links. Und „lei" bist du schon in Wolfsberg, der Bezirkshauptstadt des **Lavanttals**. Früher heulten hier wirklich Wölfe; heute steht auf dem Berg ein Schloss und im Ort das Lavanttaler Heimatmuseum. Einen Besuch sind beide wert – es sei denn, dich brennt's schon im Wanderschuh!

Almenrausch & Bungeejumping

Das Lavanttal zählt nämlich zu den schönsten Wandergebieten Österreichs, besonders im Frühling, wenn der Duft tausender Obstbäume in der Luft liegt. Oder zu Sommerbeginn, wenn die **Almrauschblüte** die Almen in leuchtend rote Teppiche verwandelt.

Das Brillenschaf ist in Kärnten verbreitet.

Jährlich findet in Ossiach das Musikfestival „Carinthischer Sommer" statt.

Kärnten

Aber Vorsicht! Stichelig! Bleib lieber auf den markierten Wegen, die dich zwischen **Sau-** und **Koralpe** ins südliche **Jauntal** führen.

Hier erwartet dich ein Nervenkitzel der besonderen Art: ein Bungee-Sprung von der höchsten Eisenbahnbrücke Europas. 96 Meter hoch über der Drau spannt sich die Jauntalbrücke, und es braucht viel Mut, sich da als menschliches Jo-Jo zu versuchen! Niemand wird es dir verdenken, wenn du diesen Sprung den Abenteurern überlässt. Und dich lieber anderen Sprüngen zuwendest: zum Beispiel einem erfrischenden Kopfsprung in einen See!

 Im Flattnitzbach-Hochmoor bei Weitensfeld wachsen viele seltene Pflanzen.

 Am Magdalensberg wurden zahlreiche Reste von keltischen und römischen Siedlungen gefunden.

 Im romanischen Dom von Gurk befindet sich das Grab der heiligen Hemma.

 Auf dem Herzogstuhl im Zollfeld wurden im Mittelalter die Kärntner Herzöge eingesetzt und hielten Gerichtstage ab.

 Im Verkehrsmuseum von St. Veit an der Glan werden über 1000 Ausstellungsstücke gezeigt.

 Im Gurktal kannst du den Zwergenpark besuchen.

Schloss Wolfsberg geht auf eine mittelalterliche Burg zurück.

 Der Aufstieg zur Burg Hochosterwitz ist mit 14 Toren gesichert.

„Lei, lei" ist der Gruß der Faschingsnarren in Villach.

 Das Rosental ist ein „Tal der Imker" und hat auch ein Bienenmuseum.

Für Minimundus wurden rund 150 Modelle der schönsten Bauwerke aus allen fünf Kontinenten detailgetreu nachgebildet.

Ich seh, ich seh: einen See!

In Kärnten gibt es sage und schreibe 1274 davon. Alle paar Autominuten blinkt dich einer blau und verlockend an. Im Jauntal der **Klopeiner See**; bei Klagenfurt der **Wörther See**; nördlich von Villach der **Ossiacher See** – um nur drei der größten zu nennen. Bade- und Wassersport-Spaß bieten alle. Und natürlich die berühmte Kärntner Sommerbräune. Darüber hinaus locken aber manche der Seen auch mit anderen Attraktionen: zum Beispiel mit einem Lindwurm oder einem Spaziergang durch die fünf Kontinente der Welt ... Naja. Der Lindwurm im Wörther See, der angeblich Kühe und Menschen verschlingt, ist nur ein sagenhafter (siehe auch die Sage unten). Das mit den Kontinenten hingegen ist – auf Ehrenwort – wahr!

Kasnudeln

„Kemt's lei bald ...
... de Nudln wern kalt!", riefen die Kärntner Bäuerinnen früher zum Essen. Gemeint mit den Nudeln waren „Kasnudeln", eine wahre Köstlichkeit: Teigtaschen, gefüllt mit Erdäpfeln und Topfen. Angeblich bekamen die Kärntner Dirndln keinen Mann, wenn sie nicht die Kunst des Kasnudel-Formens beherrschten. Doch das sind alte Geschichten, die Kärntner Kasnudeln aber kannst du auch heute noch in ganz Kärnten verkosten!

Klein-Steffl & Großglockner

Du trittst am Ostende des Wörther Sees durch ein Tor. Und hast plötzlich den Pariser Eiffelturm vor der Nase – kaum größer als du selbst! Du bist im Erlebnispark **Minimundus**, der über 150 Miniatur-Modelle von Bauwerken aus aller Welt umfasst. Schon nach wenigen Schritten fühlst du dich hier wie Gulliver in Liliput. Und passt unwillkürlich auf, dass du nicht an eine Pyramide stößt, den schiefen Turm von Pisa kippst oder gar den Wiener Stephansturm ...

Die Sage vom Lindwurm

In Klagenfurt steht ein Brunnen mit einem steinernen Lindwurm. Die Sage erzählt dazu: Einst hauste in den Sümpfen beim Wörther See ein grässlicher Lindwurm. Mit riesigen Pranken fing er Tiere und Menschen, nichts entkam seiner Gefräßigkeit! Da griffen die verzweifelten Leute zu einer List: Sie bohrten Widerhaken in die Hörner eines Stiers, der an einem Turm angekettet war, und versteckten sich im Turm. Als der Lindwurm kam und den Stier verschlang, hing er fest und die Jäger konnten ihn erschlagen. Trotzdem lebt der Lindwurm weiter – als Denkmal und im Wappen von Klagenfurt!

Rundum Berge

Um deine Größe wieder ins rechte Lot zu bringen, hilft ein Ausflug ins Gebirge. Kärnten hat jede Menge davon. Die **Karawanken**, die **Karnischen Alpen**, die **Nockberge** mit einem erlebnisreichen Nationalpark und – den **Großglockner**. Er ist nicht nur Kärntens, sondern auch Österreichs Rekordgipfel. Dort oben pfeifen neben dem Pasterzengletscher die Murmeltiere. Sein gleißendes Gletscherweiß kannst du ganz ohne Kraxelei erreichen: auf der Großglockner-Hochalpenstraße. Sie gilt als eine der sehenswertesten Bergstraßen der Welt – ein Wunderwerk an Steigung, dividiert durch Serpentinen ...

Kärnten

Klagenfurt

Wenn du gerne Sagen magst, kannst du in Klagenfurt nicht klagen! Bei deinem Bummel durch die idyllische Altstadt stößt du ständig auf sagenhafte Denkmäler. Erstens auf den Lindwurm (siehe „Sage"). Zweitens auf das „Wörthersee-Mandl" (das einst aus Wut den Wörther See erschuf). Und drittens auf den „Steinernen Fischer" (der zu Stein erstarrt sein soll, weil er beim Abwiegen der Fische betrog) …

Dir sagen moderne Geschichten mehr? Bitte sehr, auch solchen kannst du in Klagenfurt lauschen: bei den Tagen der deutschsprachigen Literatur. Besser bekannt ist diese Veranstaltung, bei der AutorInnen ihre neuen Werke vorlesen, als „Ingeborg-Bachmann-Preis". So hieß eine berühmte Klagenfurter Dichterin, über deren Leben und Werke du im Robert-Musil-Museum mehr erfahren kannst. Jetzt aber genug von Sagen und Dichtern – sonst kommst du nie zu den Schlangen im einzigartigen Klagenfurter Reptilienzoo! Oder die 225 Stufen den Stadtpfarrturm hinauf, der nicht nur mit einer tollen Aussicht, sondern auch mit dem frühesten Blitzableiter Österreichs auftrumpft.

Und falls dich die Stufen allzu sehr erschöpft haben, findest du in Klagenfurt auch Oasen der Erholung: im riesigen Areal des Europa-Parks oder am Lend-Kanal, auf dem du, wenn du magst, auch schnurstracks zum Wörther See schippern kannst.

Talfahrt nach „Carinthia"

Nach diesem Höhepunkt geht es wieder bergab ins Tal. Nur: in welches – wo doch durch Kärnten so viele Flüsse fließen? Ein kleiner Talführer erleichtert dir vielleicht die Qual der Wahl: Im **Oberdrautal** erfährst du alles über das gefährliche Leben früherer Flößer; das **Lesachtal** war einst bekannt als „Tal der hundert Mühlen"; im **Gailtal** kannst du viele Abenteuer-Touren buchen; und im **Rosental** – nein, keine Rosen pflücken! Stattdessen erwarten dich hier ein kurioses Krampusmuseum und zwei originär kärntnerische Tierarten: das Kärntner Brillenschaf und die Carnica-Biene. Ihr Honig wurde schon geschätzt, als Kärnten noch Carinthia hieß. Und genau dies könnte ein spannender Abschluss deiner Reise durch Kärnten sein: ein Ausflug in seine Vergangenheit. Im Herzen des Landes, um St. Veit an der Glan herum, findest du zahlreiche Spuren davon. Ob die römisch-keltischen Ausgrabungen am **Magdalensberg**, der steinerne Herzogstuhl bei Maria Saal, die Burg **Hochosterwitz**, die „Traumburg" Österreichs, oder der mittelalterliche Heidenbrunnen in **Gurk**: Kärnten weiß viele alte Geschichten.

Informationen findest du unter
Kärntner Landesregierung:
http://www.ktn.gv.at
Webcams Kärnten:
http://kaernten.touristcam.at

Salzburg

Fläche	7 154 km²
Einwohner	515 327 (2001)
Hauptstadt	Salzburg
Höchster Gipfel	Großvenediger, 3 666 m
Längster Fluss	Salzach
Größter See	Wolfgangsee
Geographische Einteilung	Pinzgau, Pongau, Lungau, Tennengau, Flachgau
5 Politische Bezirke	Salzburg-Umgebung (Flachgau), Hallein (Tennengau), St. Johann (Pongau), Zell am See (Pinzgau), Tamsweg (Lungau)
Landespatron	Heiliger Rupert

Salzburg heißt sowohl ein österreichisches Bundesland wie dessen Hauptstadt.

Pinz-, Pon-, Lun …

Salzburg – das weiß jedes Kind – ist das Land der Salzburger Nockerln und Mozartkugeln. Und der vielen „-au" oder „-gau". Tatsächlich wird Salzburg in fünf Regionen (Gaue) eingeteilt (von denen nur drei ähnlich wie Chinesisch klingen). Der **Flachgau** jedenfalls nicht! Er liegt im oberen Teil von Salzburg und begrüßt dich mit blau-lauen Seen. Im Sommer bedeutet das: Badespaß ahoi! – falls nicht gerade der berüchtigte Salzburger „Schnürlregen" fällt. Grund zum Trübsalblasen wäre das nicht. Denn auch im Regenmantel kann man im Flachgau viel unternehmen: Zum Beispiel einen Ausflug in alte Bauernstuben und „Rauchkuchln" (Freilichtmuseum Großgmain). Oder eine Besichtigung der kuriosesten Mühle Österreichs, die Marmor und Steine zu Kugeln schleift (Untersbergmuseum Grödig). Oder überhaupt gleich: eine Kultur-Tour in die nahe Festspielstadt Salzburg.

Grubenhunt & Gefrorene Riesen

Vielleicht kommt ja genau dort wieder die Sonne durch und bringt die Salzach zum Glitzern. Schön? Nimm es als Fingerzeig. Und schwing dich aufs Rad, dem Ufer entlang. Auf neu angelegten Treppelwegen erreichst du **Hallein**, die berühmte Salzstadt im Tennengau. Bereits die Kelten bauten hier das „Weiße Gold" ab, das den Salzburger Erzbischöfen später zu unermesslichem Reichtum verhalf.

Das Pinzgauer Rind ist für diese Gegend ganz besonders typisch.

Die Krimmler Fälle sind mit einer Fallhöhe von 380 Metern die größten Wasserfälle Österreichs.

Erhalten geblieben ist ein Schaubergwerk in Dürrnberg, wo du eine spannende Reise in die Geschichte des Salzabbaus erleben kannst. In Bergmannstracht und auf Grubenhunten! So nennt man die Bergwerks-Wägen, bei deren Tempo einem Hören und Sehen vergeht … Wahrscheinlich brauchst du nach diesem Abenteuer viel frische Luft. Die kannst du ab Golling im Lammertal holen, sozusagen an der „Hauptader" des **Tennengaus**. Oder zieht es dich gleich wieder tief in den Berg? Dann fahr weiter nach Werfen im **Pongau**, hinauf zur „Eisriesenwelt". So nennt sich eines der faszinierendsten Höhlensysteme Europas: Unglaubliche Gebilde aus gefrorenem Wasser, Höhle um Höhle, Zähneklappern garantiert!

Sonne, Wonne, Gold!

Jetzt hast du bestimmt Wärme nötig. Dann verzichte vorerst besser auf den **Lungau**, der wegen der vielen Kältetage im Jahr als „österreichisches Sibirien" gilt. Und leg dich auf die „Salzburger Sonnenterrasse"! So wird das Plateau über dem Salzachtal zwischen St. Veit und Goldegg genannt – und das zu Recht. Wohlig räkelst du die Glieder, blinzelst den Schmetterlingen nach, ahhh! Und wenn die Sonne sinkt, kannst du beim Almwirten noch mehr Wärme tanken: mit einer kräftigen Salzburger „Schottsuppe" (falls du Topfen aus Buttermilch magst).

Am nächsten Tag heißt es früh aufstehen. Deine Eltern wollen nämlich bestimmt ins **Gasteinertal**, obwohl du schon Goldfieber hast. Den Abstecher zu den drei berühmten Heilorten mit ihrem noch berühmteren Heilstollen gönn ihnen! Umso entspannter sind sie dann, wenn ihr endlich in Rauris seid, dem Mekka der Goldwäscher!

Schneeweiß & Gletscherfirn

Hier watest du stundenlang im eiskalten Wasser der Rauriser Ache und schürfst unter Anleitung Gold. Falls du ein Körnchen findest, darfst du es einstecken. Vielleicht kannst du ja damit das Ticket für die Kapruner Bahn bezahlen, die dich hinauf zu deinem zweiten Ziel im Pinzgau bringt, dem **Kitzsteinhorn**. Geblendet von Schneeweiß und Gletscherfirn stehst du 3000 Meter über den Dingen. Und blickst dich um und erkennst: Es geht sogar noch höher hinaus!

Flockige „Sünde"

Wer möchte sich nicht durch ein „Gebirge" aus flaumigen, goldbraunen Nockerln essen, mit extra viel Zucker bestreut? Bitte sehr, mit der Salzburger National-Süßspeise kannst du das tun. Ihre Erfinderin war angeblich die Geliebte eines Erzbischofs, den sie mit einer guten Mehlspeise verwöhnen wollte … Wen stört's? Hat doch diese Sünde zu den „himmlischen" Salzburger Nockerln geführt, hmm!

Sage: Die Stierwascher

Einst wurde die Festung Hohensalzburg von Feinden belagert. Sie wollten die Salzburger aushungern. Doch der Burghauptmann hatte eine gute Idee: Er ließ den letzten noch verbliebenen Stier auf dem Festungswall herumführen, gut sichtbar für den Feind. Dann befahl er, den weißen Stier braun anzumalen – und wieder auf dem Wall zu zeigen. Das wiederholte sich mit einem „schwarzen" Stier …
Da zogen die Feinde ab, denn sie glaubten, die Belagerten hätten noch jede Menge Schlachtvieh. Der Stier aber wurde in der Salzach wieder weiß gewaschen – und so kamen die Salzburger zu einem seltsamen Spitznamen, der ihnen über Jahrhunderte blieb …

Salzburg

Die Hauptstadt von Salzburg ist Salzburg – und damit sich da keiner vertut, hängen die Leute ein „Stadt" oder „Land" an. Dein Rundgang durch „S. Stadt" beginnt mit einem: „Oh, how exciting!" Solche Ausrufe von Touristen werden dir an jeder Ecke begegnen, ebenso wie die Touristen selbst. Salzburg ist eben eine sehr berühmte Stadt. Zur Zeit der Festspiele kommt hier „Jedermann" her, der ebenfalls berühmt ist (oder es gern wäre), um sich an Mozart, Musik und Theater zu erfreuen.

Das klingt dir zu sehr nach steif Dasitzen? Keine Sorge, „S. Stadt" hat auch für Kinder viel zu bieten: Workshops in Schauspiel, Tanz und Musik; ein Spielzeug- und ein Riesenmuseum; das Schloss Hellbrunn mit seinem tierisch tollen Tiergarten und dem noch tolleren Wassergarten – und natürlich die Festung Hohensalzburg.

Steil ist der Fußweg hinauf. Oben angelangt aber wirst du reich belohnt: mit einem traumhaften Ausblick auf die Stadt und die Salzach, die in der Ferne zu verschwimmen scheint.

Wenn du dich satt gesehen hast, meldet sich jetzt womöglich dein Magen. Genier dich nicht! Es flanieren auch Erwachsene durch die vornehme Getreidegasse oder über den altehrwürdigen Domplatz – in jeder Backentasche genüsslich eine Mozartkugel lutschend ...

Den Großglockner (im Süden) spar dir für Kärnten auf. Aber dem Rekord-Gipfel Salzburgs, der von Westen her winkt, dem willst du schon noch näher kommen! Also wieder runter ins Salzachtal. Und dann über Mittersill flott nach Neukirchen am **Großvenediger**.

Ihn zu besteigen ist selbst für geübte Bergsteiger eine harte Nuss. Belass es darum beim Bestaunen und denk dir: „Menschai, sei gscheit!" – So würde es ein Pinzgauer sagen (-ai ist hier eine Verkleinerungssilbe). Und außerdem erwartet dich noch der **Lungau**!

Auf den Spuren der Burggespenster

Keine Spur von sibirischer Kälte. Dafür viel gute Luft! Kein Wunder, liegen doch alle Orte im östlichsten Zipfel Salzburgs auf über 1 000 Metern. Ziemlich eng ist es hier im Lungau. Aber mit den vielen Bächen und Burgen ganz nach deinem Geschmack! Zwei der Burgen solltest du unbedingt näher besichtigen: Moosham und Finstergrün. Sie waren im Jahr 2003 die gruselige Kulisse für einen preisgekrönten Kinderfilm: „Sommer mit den Burggespenstern". Und falls sich herausstellen sollte, dass die Gespenster nicht gedoubelt waren, sondern echt, bleibt dir ja immer noch die eilige Flucht über die Tauernautobahn ins nahe Kärnten!

GSTECKT VOI IS WIEDER MOL IN DA STODT!

Informationen findest du unter
Salzburg-Reiseführer:
http://salzburg.tiscover.at
Salzburger Landesregierung:
http://www.land-sbg.gv.at/

Tirol

Fläche	12 648 km²
Einwohner	686 809 (2003)
Hauptstadt	Innsbruck
Höchster Gipfel	Osttirol: Großglockner, 3 798 m, Nordtirol: Wildspitze, 3 768 m
Längster Fluss	Inn
Größter See	Achensee
Geographische Einteilung	Nordtirol, Osttirol
8 Politische Bezirke	Nordtirol: Landeck, Reutte, Imst, Innsbruck-Land, Schwaz, Kufstein, Kitzbühel; Osttirol: Lienz
Landespatron	Heiliger Josef

Das Bundesland Tirol ist das einzige in Österreich, das aus zwei getrennten Teilen besteht.

Die „Schlange" durch Tirol

Magst du hohe Berge? Felsen und Gletscher, Schluchten und Täler – und die bitte eng? Dann fühlst du dich in Tirol bestimmt urwohl. Denn nirgendwo in Österreich ist es so gebirgig und so wenig flach. Du merkst es bereits bei der Anreise. Wahrscheinlich kommst du von Salzburg über das „kleine deutsche Eck". Und hast sofort den Wilden Kaiser vor der Nase, eine schroffe Kalkkette mit zahlreichen Zinnen. Hier kannst du bei einer Klettertour nach sagenhaften Schätzen suchen – falls dich so Namen wie „Teufelskraxe" oder „Totenkirchl" nicht schrecken. Wenn doch, ist eine Festung vielleicht die richtige Einstimmung für deinen Tirol-Besuch? Über dem Städtchen **Kufstein** steht eine, trutzig und stolz, und du brauchst sie nicht einmal zu erklimmen. Eine gläserne Seilbahn bringt dich bequem hinauf. Von hier aus hast du einen tollen Blick auf das Inntal, das sich, einer grünen Schlange gleich, längs durch Tirol durchwindet.

Nach den Ötztaler Alpen wurde „Ötzi", die 5 000 Jahre alte Gletschermumie, benannt.

Tirol

Die Dornröschenstadt

Du folgst der Flussschlange bis Wörgl, Kundl, Rattenberg ... und musst erkennen, dass Tirol ständig eine Entscheidung verlangt: Seitental links oder Seitental rechts? Am besten, du schläfst erst eine Nacht darüber. In **Rattenberg** kommt dir ohnehin alles vor wie ein Traum: ein Traum aus dem Mittelalter. Tatsächlich wurde die ehemalige Silberbergbau-Stadt vierhundert Jahre lang nicht verändert – und schlief den Dornröschenschlaf. Erst in unserer Zeit wurde Rattenberg von Touristen „wiedererweckt", die auf der Jagd nach Souvenirs die eindrucksvoll in Grotten gelegenen Glasgeschäfte regelrecht stürmen. Vielleicht gibt es dort ja auch eine Kristallkugel! Mit deren Hilfe fällt dir die Entscheidung sicher leicht: zuerst die nördlichen Täler.

 Zur Innsbrucker Nordkette gehört auch die „Frau Hitt", die der Sage nach eine versteinerte Riesin ist.

 In der Münzstadt Hall kannst du dir auf Burg Hasegg eine Erinnerungsmünze selbst prägen.

 Die Heldenorgel im Bürgerturm der Festung Kufstein ist mit 4 307 Pfeifen die größte Freiorgel der Welt und schallt 10 km weit.

In Wattens kannst du die märchenhaften Kristallwelten besuchen.

Der Haflinger ist das Tiroler Bergbauernpferd.

In Galtür findet jedes Jahr eine internationale Käse-Olympiade statt.

 Die Europabrücke ist Teil der Brennerautobahn. Sie hat 6 Fahrstreifen und ist 180 Meter hoch.

In Kramsach gibt es ein Bauernhöfe-Museum.

 Auf der Innsbrucker Bergisel-Schanze werden weltberühmte Schispringen abgehalten.

29

Brennende Steine

Also steigst du in **Jenbach** in die „Achentalbahn". Das ist die älteste Zahnradbahn Europas, die noch mit Dampf betrieben wird. Und schon geht's mit 8 km/h zum Achensee hinauf, wo dich Badefreuden am Fuß der Mondscheinspitze erwarten. Und ein berühmtes Tiroler Heilmittel: das Steinöl. Es wird aus dem ölhaltigen Schiefer des **Karwendel-Gebirges** gewonnen – durch Verbrennen des Gesteins! Auf die Wirkung des Steinöls schwor schon Herzog Leopold aus Innsbruck, und mit einem Fläschchen davon in der Tasche kletterst du jetzt mutig über die Grate des Karwendels bis zur „Frau Hitt"! Der Sage nach soll dieser Berg über Innsbruck eine versteinerte Riesin sein, die achtlos mit Brot umging. Das kann dir bestimmt nicht passieren! Andächtig verzehrst du dein Speckbrot, bevor du zu deinem nächsten Ziel bei Imst aufbrichst, der längsten Alpen-Achterbahn der Welt.

Her mit'm Speck!

Kann sein, dass schon „Ötzi" ein gut durchwachsenes Stück davon in seinem Fellbeutel trug. Sicher ist jedenfalls, dass „Tiroler Speck" zusammen mit Bauernbrot als ideale Bergsteigernahrung gilt – und auch sonst geht in der Tiroler Küche fast nichts ohne die kalt geräucherte Köstlichkeit. Ob als Gröstel über die Suppe gestreut, in den berühmten Tiroler Speckknödeln, im Fleischgugelhupf oder einfach nur zünftig als Brettljause: Der Urruf eines jeden Tirolers lautet gewiss nicht: „Weg mit dem Speck!"

Gurglbach & Geierwally

Wie oft du die 3,5 km Länge hinuntersaust, hängt ganz von deiner Adrenalin-Sucht ab. Und von deiner Lust auf Mountainbiking, Rafting, Canyoning ... Ist sie groß? Dann ab ins **Gurgltal**, eines der sportlichsten Täler Tirols! Falls du aber doch mehr der romantische Typ bist, solltest du über den Fernpass weiter ins abgelegene **Lechtal** fahren. Hier findest du alles, was ein einsames Herz begehrt: den Ein-Personen-Ort Madau; die schroffe Saxerwand, aus der die „Geierwally" (berühmter Tiroler Heimatfilm!) ihre Adlerjungen holte; Jodeln und Almen, Gämsen und Aar. So heißt der Adler in Hymnen. Und jetzt stell dir vor, dass du einer bist: Mit ausgebreiteten Schwingen schwebst du über die Wetterspitze, streifst den **Arlberg**, überfliegst die Verwall- und Samnaungruppe und landest beim Finstermünzpass an der Schweizer Grenze wieder am Inn.

Die Sage vom Saligen Fräulein

Hoch in den Bergen Tirols wohnen der Sage nach Salige Frauen. Sie können sich in Wolken verwandeln und sind trotz ihrer Zartheit bärenstark. Einst gefiel so einer Saligen ein junger Bauer. Sie gab sich als Magd aus, und bald begehrte der Bauer die schöne Fremde zur Frau. Das Salige Fräulein sagte gerne ja; nur eine Bedingung habe sie: Nie dürfe er fragen, woher sie käme! Lange Zeit ging alles gut. Doch dann begannen die Leute immer mehr zu munkeln, und eines Tages stellte der Bauer doch die verbotene Frage. Da musste die Salige für immer entschwinden – nur ihre zwei Kinder konnten sie noch einmal in der Woche besuchen und mit ihr sein ...

Tirol

Innsbruck

Ein Fluss, ein Talkessel und hohe Berge rundherum – das ist die Lage der Hauptstadt Tirols. Dass es da vom Platz her leicht eng wird, stört aber die Innsbrucker kaum. Sie können ja jederzeit nach oben ausweichen: zum Beispiel mit der Seilbahn aufs Hafelekar.

Innsbruck von oben sollte auch für dich am Beginn einer Stadt-Tour stehen: der Anblick ist einfach schön! Wieder unten wirst du wahrscheinlich gleich zum „Goldenen Dachl" pilgern, um es auf Echtheit zu prüfen (Insider-Geheimnis: es ist „nur" aus vergoldetem Kupfer). Oder du schlenderst durch den Hofgarten zur Hofburg und Hofkirche, wo du das Grabmal Kaiser Maximilians bewundern kannst.

Vielleicht magst du aber lieber Freiheitskämpfer! Dann musst du unbedingt zum Hungerburgbahnhof. Dort hängt ein riesiges Rundgemälde, das die Schlacht von Andreas Hofer am Bergisel zeigt. Sehr eindrucksvoll – und Nackenstarre garantiert!

Die kriegst du aber leicht wieder weg, wenn du deinen Rundgang durch die Olympiastadt Innsbruck mit einem Besuch im berühmten Alpenzoo krönst: Zu den putzigen Murmeltieren nämlich kann man hinunterschauen!

Von Ötzi bis Osttirol

Nun sind die südlichen Täler dran: Kaunertal, Pitztal, Ötztal, Zillertal … Die meisten führen zu den großen Gletschern Tirols. Dort kannst du auch im Sommer über Pisten flitzen, aber bitte nur auf den markierten! Sonst ergeht es dir wie Ötzi, der in den **Ötztaler Alpen** vor rund 5 000 Jahren in eine Gletscherspalte stürzte. Und du willst schließlich noch lebend nach Südtirol, das zwar seit Ende des 1. Weltkriegs nicht mehr zu Österreich gehört, aber von Innsbruck aus schnell zu erreichen ist: über den europaweit bekannten **Brennerpass**.

Jetzt fehlt eigentlich nur noch Osttirol.

„Innerösterreichisch" gelangst du nur via Salzburg dorthin. Da ist es doch besser, gleich aus Südtirol anzureisen. Und sich dann alle Zeit der Welt zu nehmen für die sagenumwobenen **Lienzer Dolomiten**; das urtümliche **Defereggental**; die gruseligen Fasnachts-Bräuche rund um Matrei; die geheimnisvolle Gletschermilch von Prägraten – und den **Nationalpark Hohe Tauern**, dessen Herzstück in Osttirol liegt!

Informationen findest du unter Tiroler Landesregierung:
http://www.tirol.gv.at

NUDELN, NOCKEN, KNÖDELN, PLENTEN – SEIN DIE VIER TIROLER ELEMENTEN.

Vorarlberg

Fläche	2 601 km²
Einwohner	358 604 (2004)
Hauptstadt	Bregenz
Höchster Gipfel	Piz Buin, 3 312 m
Längster Fluss	Rhein
Größter See	Bodensee
Geographische Einteilung	Klostertal, Montafon, Walgau, Großes Walsertal, Rheintal, Bregenzerwald, Kleinwalsertal
4 Politische Bezirke	Bregenz, Dornbirn, Feldkirch, Bludenz
Landespatron	Heiliger Gebhard

Vorarlberg ist das westlichste Bundesland Österreichs und wird auch „Ländle" genannt.

Ab die Post ins „Ländle"!

Du willst von „Hinterarlberg" nach Vorarlberg? Dann musst du spätestens in Tirol eine Entscheidung treffen: Soll es „drunter" oder „drüber" gehn?
Im Winter wirst du dich wahrscheinlich für den schnurgeraden und garantiert schneefreien Weg durch den **Arlberg-Tunnel** entscheiden. Und dann sofort nach rechts abbiegen, zu einem zünftigen Schi-Urlaub in den bekannten Wintersport-Orten **Zürs** oder **Lech**.
Wenn aber Sommer ist und du so richtig in Kurvenlaune bist, kannst du ruhig die Passstraße über den Arlberg nehmen. Sie hat nur maximal 13 Prozent Steigung und war so auch für die Postkutschen „erklimmbar", die bis zur Erbauung des Bahntunnels (1848) Post und Reisende nach Vorarlberg brachten. Bis heute heißt darum das **Klostertal** auch „Posttal".
Jedes Jahr im August kannst du dich hier in diese alte Zeit des Reisens zurückversetzen: beim größten Kutschentreffen Österreichs.

Das Fest der (lila) Kuh

Falls aber nicht August ist, sondern Juli, heißt die erste Station in Vorarlberg für dich mit Sicherheit **Bludenz**. Immer Mitte Juli findet in Bludenz das große Schokoladenfest statt. Bei über 100 Spielen und Attraktionen darf sich da Groß wie Klein durch allerfeinste Alpenmilchschokolade naschen und gewinnt mit etwas Glück sogar den Tombola-Hauptpreis: sich selbst in „Schoggi" aufgewogen! Bei so vielen Kalorien tut jetzt eine Wanderung gut. Von Bludenz aus hast du da Möglichkeiten genug! Du kannst zum Beispiel ins **Montafon** reinschnuppern, in das Tal, das der Fluss Ill vom Silvretta-Gebirge aus nimmt. Vielleicht triffst du ja dort auf einer der Almen die lila Schokoladenkuh!

Volle (Wasser)Kraft voraus!

Wenn nicht, macht es dir vielleicht Spaß, im **Silbertal** nach Silber zu schürfen, dich auf Wasserfall-Spritztour zu begeben oder ein Ill-Kraftwerk zu besichtigen. Der Höhepunkt deines Ausflugs ins Montafon ist aber sicher der **Silvretta-Stausee**.

Vorarlberg

Die **Bregenzer Seebühne** bietet jedes Jahr beeindruckende Inszenierungen. 7000 Zuschauer finden Platz.

Die **Ruine Alt-Ems** liegt hoch über dem Rheintal. In der Stadt Hohenems kannst du das Jüdische Museum besuchen.

Auf der **Bregenzerwälder Käsestraße** kannst du Käsespezialitäten und Landschaft kennen lernen.

Der **Arlberg** ist eines der berühmtesten österreichischen Wintersportgebiete.

Jedes Jahr im August findet in Feldkirch das **Gauklerfest** statt.

Im Großen Walsertal kannst du bäuerliches Brauchtum (**Almabtrieb**) erleben.

Die **Schattenburg** liegt oberhalb von Feldkirch und ist eine der besterhaltenen Burganlagen Mitteleuropas.

Die Ill-Kraftwerke mit dem landschaftlich wunderschönen **Silvretta-Stausee** wurden im 2. Weltkrieg erbaut. An die Opfer des Baus, darunter viele Zwangsarbeiter und Kriegsgefangene, erinnert die Barbarakapelle auf der Bielerhöhe.

33

Auf über 2000 m Höhe erwartet dich hier eine Motorbootfahrt, mit Blick auf mächtige Bergriesen wie den Großlitzner und den Piz Buin. Deren Besteigung überlass aber besser den Bergsteigerprofis! Im „Ländle" (wie Vorarlberg von den Vorarlbergern gern genannt wird) stehen auch jede Menge andere „Bergle" herum. Die sind nicht gar so hoch und lassen sich ein Stück weit sogar „erschweben" …

Neugierig geworden? Dann ab zurück nach Bludenz. Bei Bürs folgst du dem **Brandnertal**, nimmst die Seilbahn zum grün schimmernden Lünersee hinauf und beginnst dann den Aufstieg zur **Schesaplana**. Das ist eines der beliebtesten Bergtour-Ziele Vorarlbergs, und wenn du oben bist, wirst du verstehen, warum: Zu deinen Füßen liegt das ganze „Ländle", die halbe Schweiz und ein gutes Stück Süddeutschland – mit einer blau blinkenden Lacke dazwischen: dem **Bodensee**.

Das schönste Stück Bodensee

Verschwitzt wie du bist willst du bestimmt sofort dorthin! Du lässt das Große Walsertal mit seinen idyllischen Bergdörfern rechts liegen und flitzt das **Rheintal** entlang.

Alles Käse

An Käse kommt man in Vorarlberg nicht vorbei! Auf 566 bewirtschafteten Almen wird er nach alter Sennen-Tradition hergestellt – in zahlreichen g'schmackigen Sorten. Um sich da durchzukosten, braucht es für Eltern jede Menge „Moscht"! Für Kinder ist ohnehin von vornherein klar: Das „beschte Eck vom Käs" kommt in den berühmten Bregenzerwälder Käsknöpfle vor (zu denen man als Hinterarlberger übrigens ruhig auch „Käsespätzle" sagen darf)!

Und knappe vierzig Minuten später stehst du im Rheindelta, das schönste Stück Bodensee direkt vor dir. Vielleicht weht gerade ein leichter Wind. Der See ist gekräuselt, und die späte Sonne färbt ihn goldrot ein. Und plötzlich weißt du: Hier wirst du bleiben, tagelang! Tagelang durchs Schilfrohr streifen, im wadentiefen Uferwasser waten, Sand- oder Muschelburgen bauen; schwimmen, surfen, segeln und und und … falls das Wetter mitspielt!

Die Sage vom Walsermännlein

In alten Zeiten hauste in Vorarlberg ein boshafter Kobold, der für die Menschen meist unsichtbar blieb. Er trieb in friedlichen Häusern allerlei Unfug: So zog er die Mägde nachts an den Zöpfen, spuckte ins Hafermus und einmal warf er sogar Rossknödel in die Suppe! Das beobachtete zufällig ein Bauernbub. Weil er das Walsermännlein nicht verriet und freundlich mit ihm redete, wurden die Rossknödel zu Gold – und alle Not hatte ein Ende. Das Walsermännlein aber wurde seit jenem Tag in diesem Haus nie mehr gesehen!

Wenn nicht, erkennst du es als Riesenvorteil, dass Vorarlberg als Land ein solcher Zwerg ist. Kaum ein „Schlechtwetterziel" liegt in größerer Entfernung als eine halbe Stunde Autofahrt. Zum Beispiel die faszinierende Dornbirner Naturschau „Inatura". Oder das Kindermuseum „Knürstle" in Götzis. Und die Schattenburg, die sich stolz über der Stadt **Feldkirch** erhebt.

Vorarlberg

Bregenz

Bregenz ist nicht nur die Hauptstadt Vorarlbergs, sondern auch eine berühmte Festspielstadt. Jeden Sommer wird auf der **Seebühne** ein Musical oder eine Oper aufgeführt, und wenn du als Zuschauer unter dem sternfunkelnden Himmel sitzt, kannst du zwischen den Musikklängen auch dem Meeresrauschen lauschen … Meer? Du hast richtig gelesen. Der Bodensee wird auch das **„Schwäbische Meer"** genannt und als solches natürlich rege befahren. Wie wär's mit einem Ausflug „hoch zu Schiff" nach Deutschland oder in die Schweiz? Wenn du zurückkommst, kannst du ja immer noch die **Seepromenade** entlang flanieren; in der „Mili" (das ist ein auf Stelzen stehendes Bad!) einen Köpfler wagen; die Fußgängerzone rund um den „Leutbühel" erkunden oder einen Altstadt-Bummel zum Bregenzer Wahrzeichen, dem **Martinsturm**, machen.

Zuletzt aber geht's in jedem Fall ab in die Luft! Die **Pfänder-Seilbahn** bringt dich sachte schaukelnd auf den 1 064 m hohen Hausberg von Bregenz, wo dich außer zünftigen Wanderwegen und einer eindrucksvollen Adlerwarte auch eine echte Weltsensation erwartet: der Ausblick über vier Länder zugleich!

„Heb di fescht am Bänkle …"

In Feldkirch mit seinen lauschigen mittelalterlichen Laubengängen kann man im Übrigen auch bei Regenwetter sehr gemütlich bummeln. Mit etwas Glück kommt aber doch wieder die Sonne durch. Und du machst dich zu deiner letzten Station im „Ländle" auf: dem urwüchsigen Bregenzerwald.

Noch vor einigen Jahren wärst du von Bregenz aus mit dem „Wälderbähnle" dorthin gefahren. Und hättest dazu gesungen: „Heb die fescht am Bänkle, 's Wälderbähnle macht a Ränkle …"

Dieses Vorarlberger Lied gilt heute nur noch zwischen Bezau und Bersbuch, wo die alte Schmalspurbahn im Sommer als Museumsbahn verkehrt. Bitte aussteigen! Und dann ab die Post zu den schönsten Almen und besten Sennkäsereien, den kältesten und saubersten Gebirgsbächen; den abenteuerlichsten Höhlen und Schluchten; den schmuckesten alten Holzschindelhäusern – und zu den hübschesten Bregenzerwälder-Frauen in ihrer schwarz gefältelten Tracht …!

Informationen findest du unter
Landesregierung Vorarlberg:
http://www.vorarlberg.at
Sagen und Märchen aus Vorarlberg:
http://www.sagen.at

Burgenland

Fläche	3 965 km²
Einwohner	277 569 (2001)
Hauptstadt	Eisenstadt
Höchster Gipfel	Geschriebenstein, 884 m
Längster Fluss	Leitha
Größter See	Neusiedler See
Geographische Einteilung	Nordburgenland, Mittelburgenland, Südburgenland
7 Politische Bezirke	Neusiedl am See, Eisenstadt-Umgebung, Mattersburg, Oberpullendorf, Oberwart, Güssing, Jennersdorf
Landespatron	Heiliger Martin

Das Burgenland ist das östlichste, jüngste und flachste Bundesland Österreichs.

Ein Tatzelwurm als Land

Auf der Landkarte sieht das Burgenland aus wie ein lang gestreckter Tatzelwurm: mit dem Neusiedler See als Auge und dem südlichsten Eck ab der Lafnitz als Schwanz. Entstanden ist dieses Gebilde erst 1921, als das alte Kaiserreich Österreich-Ungarn aufgeteilt wurde. Ungarn bekam die vier großen Städte (auf deutsch: Pressburg, Wieselburg, Ödenburg, Eisenburg), Österreich den „Tatzelwurm" und die Endsilbe „burg". Nach dieser nämlich ist das jüngste Bundesland Österreichs benannt – und nicht nach den vielen Burgen, die es hier AUCH gibt!

Doch davon später. Deine Reise durchs Burgenland beginnt ganz oben: beim „Tatzelwurm-Kopf". Das **Leithagebirge** könnte der Kamm sein. Stolzgeschwellt ist er allerdings nicht: Sein höchster „Gipfel", der Sonnenberg, ist nur 484 Meter hoch! Zum Bergsteigen bist du aber ohnehin nicht ins Burgenland gekommen. Sondern zum Radfahren. Und zum Reiten. Und natürlich zum Baden in der größten „Lacke" oder „Badewanne" Österreichs.

Storch & Co. im „Lacken"-Zoo

So wird der **Neusiedler See** gern genannt. Und er ist wirklich ungemein flach: An seiner tiefsten Stelle kann ein Zweimeter-Mann locker stehen! Um ins Wasser zu gelangen, musst du allerdings erst den breiten Schilfgürtel bezwingen. Das geht über lange Stege, die übrigens auch ein guter Beobachtungsplatz sind: Nirgendwo sonst in Mitteleuropa leben so viele seltene Tiere wie am Neusiedler See. Deshalb stehen auch viele Uferstücke unter Naturschutz.

Das berühmteste Schutzgebiet für Vögel findest du aber östlich vom See. Es ist der **Seewinkel**, eine Ansammlung von Teichen, Tümpeln und Salzlacken inmitten von Puszta-Gebiet. So heißt in Ungarn die Steppe, deren warmer Wind dir jetzt um die Nase weht. Bei deiner vogelkundlichen Fahrradtour, die dich sogar ein Stück durch Ungarn führt.

Türken und Römer

Zurück in **Mörbisch** willst du jetzt auch andere Orte im Nordburgenland besuchen. Wie wär's mit **Purbach**, wo der Sage nach einst ein Türke in einem Rauchfang stecken blieb? Oder mit **St. Margarethen**, wo du zwischen Märchenpark und Steinbruch wählen kannst?

Fürchten- oder Forchtenstein

Im Steinbruch arbeiten viele Bildhauer und lassen ihre Werke manchmal stehen. Von den Römern bis heute wird dort Sandstein abgebaut. Und wo bleibt die versprochene Burg? Kein Problem, die Burgmaus Forfel erwartet dich schon. Sie ist das Maskottchen von **Burg Forchtenstein** und hat im Sommer alle Pfoten voll zu tun. Da macht sie nämlich Führungen für Kinder, die einen Tag lang Burgfräulein und Ritter sein wollen. In echten mittelalterlichen Kostümen! Höhepunkte sind unter anderem eine Ritterprüfung und eine Lesung von Gruselgeschichten im Burgverlies.

Der Klang der Tamburica

Falls du das zum Fürchten findest, solltest du weiter ins Mittelburgenland. Du erreichst es über eine Art Nadelöhr bei Sieggraben, wo das Burgenland nur vier Kilometer breit ist! Bist du durch? Dann ab im Galopp über die sanften Hügel, die an 300 Tagen im Jahr im Sonnenschein liegen. Auf ihnen wächst vorwiegend Wein (wie übrigens überall im Burgenland). Das wird aber mehr deine Eltern interessieren. Du machst lieber einen Töpferkurs in dem bekannten Keramikort **Stoob** oder besuchst ein kroatisches Dorf (im Burgenland sind sieben Prozent der Bevölkerung Kroaten). Vielleicht kommst du ja gerade recht zu einem Fest. Und hörst zum ersten Mal den Klang der Tamburizza (Tamburica), der angeblich jedem ins Tanzbein fährt ... Schwindlig geworden? Macht rein gar nichts. Denn es liegen geruhsame Tage im Südburgenland vor dir, mit so gesunden Orten wie **Bad Tatzmannsdorf** und Güssing.

Vom Vulkan zum Galgenkreuz

Nach einem Bad in den Thermen und einer Trinkkur mit Mineralwasser fühlst du dich bestimmt wieder fit. Für einen Ausflug zum Wasserschloss Eberau zum Beispiel, entlang der prächtigen Blumenstraße. Oder für einen Aufstieg zum einzigen Vulkankegel Österreichs, auf dem sich weithin sichtbar die **Burg Güssing** reckt ...

Kukuruz

Im Burgenland sieht man an vielen Häusern Maiskolben hängen. Mais heißt hier Kukuruz und wird auch gern und viel gegessen. Ins Land gebracht haben ihn einst die Türken, was auch so volkstümliche Namen wie „Türkenkolben" oder „Türkensterz" erklärt. Egal unter welchem Namen dir etwas aufgetischt wird: Alle burgenländischen Kukuruz-Gerichte schmecken ganz köstlich!

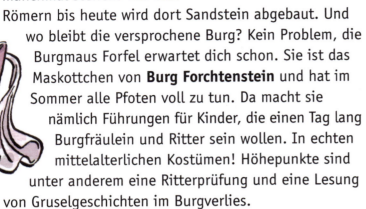

Die Sage vom Purbacher Türken

Nach der Belagerung Wiens 1529 kamen türkische Soldaten auch ins Burgenland. In Purbach soll ein Türke in einem leer stehenden Weinkeller so viel von dem unbekannten Saft getrunken haben, dass er einschlief ... Als er wieder erwachte, waren seine Kameraden schon weitergezogen. Er hörte die Stimmen der Dorfbewohner, die aus ihren Verstecken zurückgekommen waren. In Todesangst wollte der Türke durch den Rauchfang flüchten, brachte aber nur den rußverschmierten Kopf ins Freie! Gottlob hatten die Leute Mitleid mit ihm, und nach gründlicher Waschung und christlicher Taufe durfte er in Purbach bleiben.

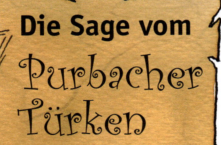

Burgenland

Eisenstadt

Mit Eisen hat Eisenstadt nichts zu tun! Der Name stammt aus dem Mittelalter, als hier eine „eiserne" Burg stand (gemeint war: „stark" befestigt, uneinnehmbar). Heute ist Eisenstadt von Weingärten umgeben und wirkt kein bisschen trutzig! Du kannst dich bei einem Spaziergang durch die Fußgängerzone davon überzeugen. Freundlich-vornehme Bürgerhäuser, im Zentrum das ehrwürdige Rathaus ... Du schlenderst weiter, durch das ehemalige Judenviertel, hinauf zum Kalvarienberg. Und spätestens hier fällt dir etwas auf: Wohin auch immer du gehst in Eisenstadt, überall stößt du auf „Esterházy" und „Haydn"!

Das ist rasch erklärt: Joseph Haydn, der berühmte österreichische Komponist, lebte und wirkte in Eisenstadt, das sich jahrhundertelang im Besitz der Fürsten von Esterházy befand. Und jetzt weißt du auch, was du in Burgenlands Hauptstadt hauptsächlich noch tun wirst: das prächtige Schloss Esterházy samt Schlosspark erkunden; und Joseph Haydn in seinem Wohnhaus besuchen (bei einer lustigen Kinder-Führung). Zur Begrüßung bekommst du dort übrigens ein Stück Konfekt. Keine Mozartkugel, nein! Eine köstlich süße „Haydn-Rolle", original aus Eisenstadt!

Die Kanufahrt entlang der Raab spar dir jedenfalls bis ganz zum Schluss auf. Denn damit bist du endgültig am Schwanz des Tatzelwurms angelangt. Was dich hier erwartet, willst du wissen? Okay. Außer der Kanufahrt viel „Schlamm am Zeh und Gras im Ohr" oder „schlaue Füchse und diebische Elstern" oder – gar noch schlimmer – eine Tour „von der Folterkammer zum Galgenkreuz"... Das glaubst du nicht? Dann tritt doch einfach ein in den **Dreiländer-Naturpark Raab** und folge den drei genannten (von insgesamt 23) Erlebnistouren, bis hinein nach Ungarn und Slowenien ...

Informationen findest du unter
Burgenländische Landesregierung:
http://www.burgenland.at
Burgenland-Tourismus:
http://www.burgenland.info

Wien

Fläche	415 km²
Einwohner	1 550 123 (2001)
Hauptstadt	Wien, gleichzeitig die Hauptstadt von Österreich
Höchster Gipfel	Hermannskogel, 543m
Längster Fluss	Donau
23 Politische Bezirke	1. Innere Stadt, 2. Leopoldstadt, 3. Landstraße, 4. Wieden, 5. Margareten, 6. Mariahilf, 7. Neubau, 8. Josefstadt, 9. Alsergrund, 10. Favoriten, 11. Simmering, 12. Meidling, 13. Hietzing, 14. Penzing, 15. Rudolfsheim-Fünfhaus, 16. Ottakring, 17. Hernals, 18. Währing, 19. Döbling, 20. Brigittenau, 21. Floridsdorf, 22. Donaustadt, 23. Liesing
Landespatrone	Heiliger Leopold und heiliger Klemens

Wien ist zugleich ein Bundesland (das kleinste) und die Hauptstadt Österreichs.

Millionen Mal Wien

Wien ist groß. Wien ist eine aufregende Stadt. Wien ist das kleinste Bundesland Österreichs. Wien ist alt und geheimnisvoll. Wien ist multikulturell. Wien ist geräuschvoll und riecht an jeder Ecke anders. Wien ist gemütlich. Wien ist Kaffeehaus und Sachertorte. Wien ist Spazieren und Shopping; Donau und Beserlpark; Tanz, Theater, Kunst und Musik; „Wien ist anders …"

Jeder, der nach Wien kommt, erlebt die Hauptstadt Österreichs anders. Nur eines bleibt gleich: Sehen will jeder zuerst den **Stephansdom**!

Und da stehst du also auf einem großen Platz im Herzen Wiens. Rund um dich viele Touristen. Und Tauben. Und Pferde, vor Kuschen gespannt … Man nennt diese Kutschen „Fiaker", genauso wie die Kutscher selbst. Aber das interessiert dich jetzt nicht. Gebannt blickst du hoch an der figurenreichen Fassade. Und endlich, den Kopf schon ganz im Nacken, siehst du ihn: den „Steffl", den Südturm des Doms – mit 136 Metern der höchste Kirchturm Österreichs!

Schloss Schönbrunn und der prächtige Schönbrunner Schlosspark liegen in Hietzing.

Ein großes Naturschutzgebiet im 13. Bezirk ist der **Lainzer Tiergarten**. Hier leben Hirsche, Rehe und vor allem Wildschweine frei.

Das **Haus des Meeres** im 6. Bezirk ist in einem Fliegerabwehrturm aus dem 2. Weltkrieg untergebracht.

Nationalbibliothek

Hoch hinaus & tief hinab

Vielleicht hast du ja gleich Lust auf die 343 Stufen, um von der Türmerstube aus einen traumhaften Blick auf Wiens Häusermeer zu werfen. Und auf den unvollendeten Nordturm, der die berühmte Glocke, die Pummerin, birgt ... Vielleicht aber willst du doch zuerst das Innere des Doms erkunden. Dafür nimm dir auf jeden Fall viel Zeit. Denn es erwarten dich außer einer krötenbevölkerten Kanzel, einem orgeltragenden Baumeister und natürlich geballter kirchlicher Pracht auch die gruseligen Katakomben!

So nennt man eine Art unterirdischen Friedhof mit weit verzweigten Gängen und Hallen. Wetten, dass du nach einer Führung hier – vorbei an Särgen mit Bischöfen, an Urnen, die mit den Eingeweiden der habsburgischen Kaiser gefüllt sind, und an Räumen voller Gebeine – vor allem eines brauchst: frische Luft!

Spaziergang durchs Mittelalter

Die kannst du ausgiebig schnappen: bei einem Bummel durch Wiens Innenstadt. So wird der 1. Bezirk auch genannt. Fast kreisförmig schließt er sich um den Stephansplatz – durchschnitten von der Rotenturm- und der berühmten Kärntner Straße. Lass dich einfach treiben! Folge dem Fußgängerstrom zum Graben, der so heißt, weil sich zur Römerzeit hier ein Wassergraben befand. Heute steht auf dem Platz die Pestsäule, ein barockes Gebilde aus Wolken, mit Engeln und Bengeln bevölkert. Ihr Bau wurde zum Gedenken an die Pesttoten der großen Seuche im Jahr 1679 von Kaiser Leopold I. gelobt. Auch auf Spuren des Mittelalters stößt du im 1. Bezirk häufig. Allein all die Gassen, durch die du spazierst! Goldschmiedgasse, Seilergasse, Färbergasse, Tuchlauben – die Namen verweisen auf Handwerks-Zünfte, die sich nur an bestimmten Orten niederlassen durften. Eine besonders typische Gasse aus dieser Zeit ist die Naglergasse, eng und düster und mit tiefen Kellern.

K.aiserlich u. k.öniglich!

Diese Vorstellung treibt dich vielleicht dazu, dem Mittelalter den Rücken zu kehren. Du willst dich jetzt lieber kaiserlich fühlen, denn schließlich bist du ja in Wien! Höchste Zeit also für die Hofburg, die Residenz der Kaiser und Könige! Früher war der Kaiser von Österreich zugleich König von Ungarn. Aus dieser Zeit stammt auch die Bezeichnung „k.u.k.". Es bedeutet: „kaiserlich und königlich", und so manches Geschäft schmückt sich noch heute damit. Zum Beispiel die berühmte Konditorei Demel, „ehemals k.u.k. Hofzuckerbäckerei".

Residenz für (Hohe) Tiere

Wer hätte nicht gern ein Wochenend-Häuschen, um im Sommer dort zu wohnen? Maria Theresia, die Kaiserin mit den 16 Kindern, wollte dies auch – und ließ (damals noch weit außerhalb der Stadt) das Schloss Schönbrunn errichten. Mit 180 Metern Länge und 2000 Räumen. Mit eigenem Theater. Und einem Park, so groß wie der 1. Bezirk!

Lustwandeln dürfen heute darin auch ganz normale Sterbliche. Das Einzige, was du brauchst, ist die U-Bahn in den 13. Bezirk (die U 4) und „blasensichere" Schuhe. Denn es kommen ganz schön viele Kilometer zusammen, bis du auf den schnurgeraden Kieswegen vorbei an Statuen und streng gestutzen Hecken zur Gloriette hinaufgefunden hast. Oder in den Irrgarten hinein und wieder hinaus ... Gar nicht zu reden vom Tiergarten Schönbrunn! Der gehört nämlich auch zum Parkgelände dazu (die Kaiserin pflegte dort zu frühstücken!). Heute ist er der älteste Zoo der Welt. Vielleicht kommst du ja gerade zu einer Raubtierfütterung zurecht. Oder zu einer der tollen Kinderführungen, bei denen du die Tiere „hautnah" erleben kannst.

Wien

Kindermuseum ZOOM

Wo zu Kaisers Zeiten 600 Pferde und 200 Kutschen „parkten", entstand in den letzten Jahren das Wiener MuseumsQuartier. Von einem riesigen, weiß gepflasterten Innenhof im 7. Bezirk aus gelangst du in zahlreiche Museen, Galerien, Veranstaltungshallen, Probebühnen, Cafés, Kunst-Shops usw. Für Kinder gibt es sogar ein eigenes Museum, das so genannte ZOOM. Hier kannst du Mitmach-Ausstellungen zu unterschiedlichen Themen besuchen; einen eigenen Zeichentrickfilm machen; durch ozeanische Fantasiewelten tauchen; mit Jizou (dem japanischen Schutzgott für Kinder) durchs Internet surfen und und und …

Ein Blick in die Auslage macht dir den Mund wässrig, doch du eilst weiter: am besten gleich in die Hofburg hinein. Wo du vermutlich stundenlang verschollen bleibst: bei den Lipizzanern, bei den Wiener Sängerknaben, in der Österreichischen Nationalbibliothek – denn all dies und noch viel mehr ist in den unzähligen Gebäuden und Trakten der Hofburg untergebracht.
Die Gebeine der Habsburger liegen in der Kapuzinergruft.

Bim-Rundfahrt & Großstadt-Bammel

Jetzt hast du Blasen an den Füßen und brauchst dringend eine „Bim"! So nennen die Wiener die Straßenbahn im Dialekt, weil sie früher an jeder Haltestelle bimmelte. Heute gibt eine melodische Stimme via Tonband kund, wo sich der Fahrgast jeweils befindet. Endlich sitzen! Endlich nur schauen! Willkommen auf einer „Sightseeing"-Fahrt rund um den Wiener Ring! So nennt sich die Prachtstraße, die den 1. Bezirk umschließt. Angelegt wurde sie zur Zeit von Kaiser Franz Joseph, der die alten Wälle und Gräben um die Innere Stadt entfernen ließ. Auch die meisten der imposanten Gebäude und Plätze, die jetzt an dir vorüberziehen, sind aus dieser „Gründerzeit": die **Staatsoper**, der Burggarten, das Parlament, das **Rathaus**, das Burgtheater, die Börse und und und … Genug? Schwirrt dir der Kopf?

Dann steig am Schwedenplatz aus, um dir ein Eisstanitzel zu gönnen. Und zu überlegen, wie es mit dir und der unendlich großen Stadt Wien jetzt weiter geht …

Schnupper-Tour zum Naschmarkt

Gut. Du willst noch in den einen oder anderen Bezirk hineinschnuppern. Innerhalb des Gürtels, und am liebsten per Taxi und Untergrundbahn? Zur Begriffserklärung: Der Gürtel umgürtet die Wiener Bezirke zwei bis neun (und ist zu Stoßzeiten die reine Hölle). Ein Taxi lenkt in Wien ein „Taxler" (der viele Sprachen spricht, manchmal auch Wienerisch). Und durch den Untergrund kommst du in „Vienna" mit dem „Silberpfeil", genannt U 1, U 2, U 3, U 4 und U 6 …

Alles klar? Dann ab in die Bezirke! Im zweiten, der Leopoldstadt heißt, besuchst du den Prater (siehe rechte Seite); im dritten das Schloss Belvedere; im vierten die Karlskirche; und zwischen dem fünften und sechsten den Naschmarkt. Hier, an hunderten Ständen und Buden, bekommst du einfach alles, was eine Naschkatze begehrt! Persische Granatäpfel und türkischen Honig, indische Gewürze und Wiener Essiggurkerl, japanische Sushi und Vorarlberger „Käs". Und was das Schönste an all den kunstvoll aufgebauten Köstlichkeiten ist: Sie steigen dir so richtig paradiesisch in die Nase, als vermischte Gerüche aus tausendundeiner Nacht …

Im güldenen Bröselkleid

Was mag weltweit jedes Kind? Wiener Schnitzel natürlich! Wobei die wenigsten wissen, dass die panierte Kalbfleischscheibe aus Italien stammt. Als dort 1514 das Vergolden von Speisen verboten wurde, ließ man Fleisch kurzerhand im güldenen Bröselkleid schimmern. Diese Idee brachte Feldmarschall Radetzky nach Wien. Und so wurde das Wiener Schnitzel geboren …

Bücher & Patienten

Mit so einem Duft in der Nase kommst du gut bis zum Gürtel hinaus. Und dann mit der (auf einer Trasse fahrenden) U 6 ihm entlang – am siebenten, am achten, am neunten Bezirk vorbei. Ins Auge stechen werden dir dabei vor allem zwei Gebäude: die wie ein gläsernes Schiff wirkende Wiener Hauptbücherei (wo du 240 000 Bücher und 60 000 CDs bzw. DVDs ausborgen kannst). Und der vom Gürtel aus sichtbare vordere „Klotz" des AKH. Das ist das Kürzel für „Allgemeines Krankenhaus". Hier finden über 2 000 Patienten Platz – und hoffentlich auch Heilung!

Die Sage vom Basilisken

Ein Hahn, der ein Ei legt, und eine Kröte, die es ausbrütet? Der Sage nach ergibt das ein scheußliches Ungeheuer mit giftigem Atem und giftigem Blick: einen Basilisken. Einst soll in einem Brunnen in der Schönlaterngasse ein solcher gehaust haben. War das eine Aufregung und ein Schreck! Ein Gelehrter wusste schließlich Rat: Man muss dem Untier einen Spiegel vorhalten, dann zerplatzt es beim Anblick seiner eigenen Hässlichkeit. Also ließ man einen Spiegel in den Brunnen hinab – und es geschah genau so, wie der Professor es vorausgesagt hatte. Das Basiliskenhaus aber steht noch heute.

Wien

Das bräuchtest du mittlerweile auch von deiner Sucht nach Wien. Oder wolltest du nicht mit dem Gürtel ein Ende setzen? Aber nein, in der U-Bahn hast du Kinder mit einem Picknick-Rucksack getroffen. Und jetzt willst du unbedingt auch hinaus in die „Vorstädte" – die für den Wiener das Tor ins Grüne sind.

Der Himmel über Wien

Du kannst in die Weinberge bei Nußdorf fahren. Oder zu den Heurigen in Grinzing. Und in den Wienerwald, hinauf zur Hohen Warte; quer durch den Lainzer Tiergarten; ab in den Böhmischen Prater; oder über die Donau in die Lobau …

Die Großstadt Wien hat nicht nur mittendrin – zwischen grauen und hohen Häuserfluchten – Oasen von Grün, sondern auch an den Rändern, die du in Wochen nicht erwandern kannst!

Reif für die Insel …

… könntest du sein, wenn du Wiens viele Sehenswürdigkeiten besucht hast. Kein Problem: Seit 1981 haben die Wiener ihre eigene Insel. Damals legten die Stadtplaner neben der Donau die „Neue Donau" an, um Überschwemmungen hintanzuhalten. Das dazwischen liegende kilometerlange Gelände wurde zur „Donauinsel", einem Paradies für Wasserratten und Nachtschwärmer (entlang der so genannten „Copa Kagrana").

So bleibt dir nur der Mut zur Lücke. Und die Gewissheit, dass Wien jedes Mal anders ist. In der Freundlichkeit oder Grantigkeit seiner 1,6 Millionen Bewohner. In den Gerüchen und der regen Betriebsamkeit. Und im Licht der abertausenden Laternen, die sich bei Nacht über der Stadt im Himmel spiegeln …

Informationen findest du unter:
http://www.wien.at/

Allee oder Wurst?

Wenn die Wiener Prater sagen, meinen sie „Grüner Prater" oder „Wurstelprater". Beide liegen im 2. Bezirk und sind durch die Hauptallee voneinander getrennt. Der „Grüne" ist ein Paradies für Jogger, Reiter, Fahrradfahrer, Hundebesitzer, Kastaniensammler, Fußball- und Spielplatzfreunde; der mit dem „Wurstel" davor ein berühmter Vergnügungspark. Wobei der Name mit „Wurst" nichts zu tun hat! Früher nannten die Wiener den Kasperl auch Wurstel, und Kasperl-Theater gab es eben hier auch. Heute hast du die Qual der Wahl zwischen so nostalgischen Dingen wie dem Riesenrad und der Geisterbahn – oder ultramodernen Wahnsinns-Einrichtungen, die die Gesetze der Schwerkraft und des Mageninhalts aufheben …

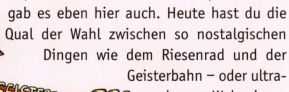

Österreich

Fläche	83 858 km²
Einwohner	8,1 Millionen (2001)
Hauptstadt	Wien
Höchster Berg	Großglockner (3 798 m)
Längster Fluss	Donau
Grösster See	Attersee (der ganz in Österreich liegt!)
Bundesländer	Burgenland, Kärnten, Niederösterreich, Oberösterreich, Salzburg, Steiermark, Tirol, Vorarlberg, Wien
Landespatron	Heiliger Leopold
Bundeshymne	„Land der Berge, Land am Strome ..."

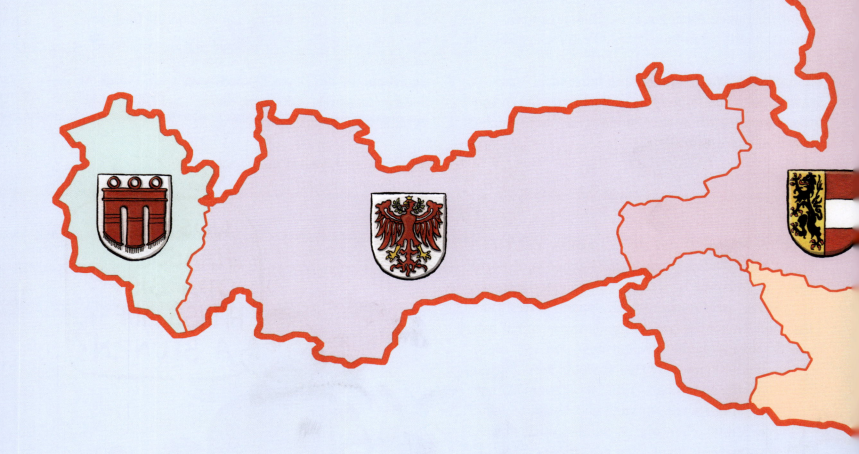